<u>Die Abschaffung des Kapitals</u>

wirtschaftliche Überlegungen von

Karl-Heinz Haselmeyer

Der Titel ist mir nicht leicht gefallen, denn mit ihm werden zu leicht Vorurteile geweckt. Ein Leser könnte sich fragen, ist das so etwas wie „linke Ideologie", ein Abklatsch von Marxschen Theorien?

Ich bitte um Geduld, meine Absicht ist, weder eine politische Parteilichkeit noch eine wirtschaftswissenschaftliche Abhandlung zu schreiben. Für eine wissenschaftliche Analyse fehlt mir das Rüstzeug und politische Parteinahme werde ich sorgsam vermeiden. Ich möchte versuchen, einfache wirtschaftliche Grundlagen rational und ohne Bewertung kritisch zu hinterfragen.

Das ist leichter gesagt als getan, denn was wir als Wirtschaft bezeichnen, ist ein Knäuel von unzähligen Verflechtungen mit irreführenden Bezeichnungen, mit verdeckten Abhängigkeiten und Interessen, ein wahrer „gordischer Knoten". Gelänge es, diesen Knoten aufzudröseln, könnten die einzelnen Bestandteile eine klare und unverstellte Sicht auf unser gesellschaftliches Handeln ermöglichen und Auswege für eine heute leider sehr unsichere Zukunft aufzeigen.

Es hat sich eingebürgert, bei wirtschaftlichen Schwierigkeiten nach Wachstum zu rufen. Wenn dieser Ruf von vielen Personen sehr überzeugend vorgetragen wird, auch von Fachleuten, und sich in der Vergangenheit immer bewährt hat, müsste man meinen, es wäre das richtige Mittel, um in der Zukunft wirtschaftliche Schwierigkeiten zu vermeiden.

Ist es das wirklich?

Würden sie einem großen Baum, dem es kaum noch gelingt, genügend Wasser in den höchsten Wipfel zu transportieren, raten, diese Schwierigkeiten durch Wachstum zu beheben? Doch halt, zum Wirtschaftswachstum gibt es einen maßgeblichen Unterschied. Das Wachstum des Baumes ist durch physikalische Gesetze begrenzt. Die Wirtschaft wird durch das Wachstum des Kapitals angetrieben und das Wachstum des Kapitals hat keine Grenze, es muss wachsen, sonst ist es hinfällig. Auf diese Eigenart des Kapitals werde ich später näher eingehen. Alle sonstigen Bedingungen der Wirtschaft sind begrenzt und so stößt das Wachstum des Kapitals an die natürlichen Grenzen des Umfeldes.

Wie schon beschrieben, ist Wirtschaft ein sehr komplexes Geflecht. Ich möchte einige Komponenten, die zu diesem Geflecht führen, sehr vereinfacht darstellen, denn die heutige komplizierte Wirtschaft hat sich in den Anfängen aus einfachen Bausteinen entwickelt.

Deshalb fange ich in der Frühzeit der Menschheit mit den einfachsten Grundlagen an.

Unsere fernsten Vorfahren haben sich alles, was für ein Überleben notwendig war, noch selbst erkämpfen und herstellen müssen. Sie waren auf Gemeinschaft angewiesen. Die Wohnhöhle, die Jagd, die Verarbeitung der Nahrung, der Schutz vor einer feindlichen Umwelt, das alles bedingte gute

Gemeinsamkeit. Besitz und Eigennutz waren in dieser ersten Zeit unnötig und wohl auch noch nicht vorhanden. Dann bildeten sich erste Spezialisierungen und Fertigkeiten heraus und damit kam es zu Unterschieden im Besitz und den ersten Tauschhandlungen. Die technischen Fertigkeiten der Menschen nahmen zu und der Tauschhandel blühte auf.

Nun ist es im Tauschhandel nicht einfach, den Gegenwert zu einer Ware festzustellen, und die Menschen suchten sich Äquivalente, die den Wert abbilden und den Tausch erleichtern sollten. In vielen Generationen waren es Muscheln, Steine, Pflanzenkerne und viele andere Dinge, denen ein Wert zugesprochen wurde. Im Grunde war damit schon das Geld erfunden, das in der weiteren Geschichte noch viele

Wandlungen erfahren sollte. <u>Geld blieb aber von Anfang an über die Jahrtausende bis heute nur der Stellvertreter für den Wert einer Ware, das ist wichtig.</u>

In heutiger Zeit wird bares Geld nach und nach überflüssig, es reicht der Wert des Geldes, mit dem wir elektronisch handeln können. Unsere Wirtschaft ist mit der Zeit viel komplizierter geworden, es ist nicht mehr der Tauschhandel, der sie prägt. Die sozialen Strukturen und die Produktionsverhältnisse haben sich gewandelt. Neben Geld als Tausch und Warenwert ist mit der Bildung moderner Produktionsmethoden ein anderer Wert entstanden, nämlich Geld, das sich in der Wirtschaft vermehrt, dieses Geld ist das schon erwähnte Kapital. Geld und Kapital haben in der Wirtschaft eine unterschiedliche Bedeutung, können aber gegeneinander ausgetauscht werden.

Damit ist eine Seite des Wirtschaftsgeschehens umrissen. Um noch einen anderen wichtigen Aspekt der Wirtschaft in der Entstehung zu betrachten, müssen wir noch einmal in die Vorzeit zurückgehen. Dabei handelt es sich nicht um den Wert einer Ware, sondern um den Wert einer Tätigkeit. Als sich die Tätigkeiten, die zum Erhalt des Lebens notwendig waren, in Tätigkeiten zur Produktion von Tauschmitteln wandelten, entstand das, was wir Arbeit nennen. Diese Tätigkeiten waren zuerst nur ein Nebeneffekt, wandelten sich aber, je arbeitsteiliger diese Tätigkeiten wurden, zu der Hauptbeschäftigung des Lebensunterhalts. Das brachte gesellschaftliche Vorteile, aber auch Abhängigkeiten. Der Wert der Waren wurde nun nicht mehr durch den Gebrauchswert allein vorgegeben, sondern mit dem Wert der Arbeit abgeglichen. So entstanden schon sehr früh komplizierte gesellschaftliche Gebilde mit heterogener Machtverteilung. Die Arbeit diente nun nicht mehr nur dem persönlichen Lebensunterhalt, sondern wurde auch zur gesellschaftliche Verfügungsmasse.

In das Zusammenspiel von Waren mit der notwendigen Arbeit mischte sich mit Nachdruck eine dritte Kraft, die Macht. Die Mächtigen eigneten sich Warenwert an und bauten damit ihre Macht aus. Aber der Warenwert entstand nach wie vor nur aus der Arbeit.

Über Jahrtausende war der Handel gesellschaftlichen Zwängen unterworfen. Was die Geschicke der Menschheit lenkte, waren

Machtausübung und das Machtgefälle in der Gesellschaft. Die Mächtigen gelangten an den Warenwert ohne Arbeit und setzten den Warenwert zum Erhalt ihrer Macht ein. In dieser Vorzeit könnten auch schon die Anfänge des Kapitals entstanden sein. Das hatte aber zunächst keine Bedeutung, denn wie später noch geschildert, wächst Kapital im Anfang sehr langsam und macht sich in der Anfangszeit einer wirtschaftlichen Entwicklung kaum bemerkbar.

Die Anfänge des Kapitals könnten sich ungefähr so abgespielt haben: Einer der Mächtigen hatte eine sehr große Herde von Weidetieren. Er teilte die Herde und gab eine Hälfte an eine andere Person, die sie ein Jahr lang zu ihrem Lebensunterhalt nutzen konnte, mit dem Vorbehalt, nach dem abgelaufenen Jahr die Herde um zwei Zehntel vergrößert zurückzugeben. So war nach einem Jahr das Produktivkapital des Mächtigen gewachsen und der andere Mann konnte ein Jahr von seiner Arbeit leben. Dieses fiktive einfache Beispiel soll den Zauber zeigen, der dem Kapital innewohnt. Das Geschäft war zum Vorteil für beide Seiten, beide hatten Gewinn. Die Machtzunahme des Mächtigen fällt kaum ins Gewicht.

Mit diesem Ausflug in eine ferne und erdachte Vergangenheit und die Einführung von einfachen Grundlagen der Wirtschaft können wir etwas dem „gordischen Knoten" etwas näherrücken, der der Wirtschaft unserer heutigen technisierten Welt im Halse steckt.

Mit der Veränderung der gesellschaftlichen Zustände und damit auch mit der Zunahme der

Faktoren, die auf die Wirtschaft einwirken, kompliziert sich das Wirtschaftsleben. Dabei müssen wir im Auge behalten, dass die Machtfrage, die über die verflossenen Jahrhunderte die bestimmende Kraft in der Gesellschaft und der Wirtschaft war und damit die Geschicke lenkte, allmählich zu Beginn des technischen Zeitalters zum Teil an das Kapital überging.

Damit sind einige Faktoren erwähnt, welche die Fäden zu dem großen Knäuel liefern, mit dem ich mich beschäftigen möchte. Der wichtigste Faktor, der Mensch, wurde noch nicht direkt erwähnt, er wurde als Akteur, als Schaffender und als Arbeiter mit den anderen Faktoren zusammen gedacht. Um seinen Einfluss zu verstehen, müssen wir versuchen, ihn so gut es geht zu charakterisieren.

Das stößt an große Schwierigkeiten, denn der Mensch hat schier unendliche Potenziale. Er fluktuiert zwischen seinen Anlagen, dem Intellekt, den Gefühlen und den Trieben. Seine Möglichkeiten zwischen unsäglicher Dummheit und unbegreiflicher Intelligenz, zwischen nicht fassbarer Grausamkeit und umfassender Nächstenliebe, zwischen Eigennutz und Altruismus sind zwischen den Extremen in Form einer Gaußkurve verteilt. Das ist aber keine statische Verteilung, sie kann durch äußere Einflüsse wie zum Beispiel die Angst verschoben und verzerrt werden. Auch Habgier und Neid können menschliche Potenziale beeinflussen.

Menschliche Eigenschaften und Verhaltensweisen beeinflussen zudem den Warenwert maßgebend. So sind seit Urzeiten Edelsteine und das Metall Gold für die Menschen sehr hohe Werte, unabhängig von ihrem realen Warenwert. Es kommt sogar vor, dass ideelle Werte als Waren gehandelt werden, aber das führt zu weit.

Das Zusammenspiel der bereits erwähnte Faktoren in dem, was wir Wirtschaft nennen, möchte ich mit einem stark vereinfachten Schema erklären.

Kapital ist Geld, das eingesetzt wird, um Geld zu verdienen, und das sich somit stetig vermehrt. Wird Kapital mit Arbeit zusammengeführt, entsteht daraus ein Produkt. Der Wert des Produktes entstammt der ermöglichten Arbeit. Von dem Ertrag des Produktes wird ein kleiner Teil als Arbeitslohn ausgezahlt, einen Anteil bekommt der Kapitalgeber und ein Teil fließt zurück in die Produktion. Damit vergrößert sich das Kapital und dadurch steigert sich die Produktion. Dieses Wachstum des Kapitals ist eine unabdingbare Eigenschaft, <u>ein Geldwert, der sich nicht vermehrt, ist kein Kapital.</u> Da ein Teil des Gewinns zurückgeführt wird, wächst das Kapital immer schneller und die Produktivität steigt. Das Wachstum des Kapitals ist ein exponentielles Wachstum, was auf den zeitlichen Verlauf einen starken Einfluss hat. Eine Exponentialfunktion entwickelt sich erst langsam, dann immer schneller ansteigend gegen unendlich und somit zu einer Katastrophe.

Steigert sich die Produktivität, entstammt der Wertzuwachs der Produkte aus immer weniger Arbeit. Dieser wirtschaftliche Produktionsprozess ist abhängig vom Handel. Produkte müssen nicht nur produziert, sondern auch abgesetzt werden. Arbeiter kaufen von ihrem Lohn die Produkte und werden so zu Konsumenten. Der Wohlstand wächst auf beiden Seiten, ein Gewinn für Kapitalgeber und Arbeiter. Aber das Wachstum des Kapitals ist, wie schon gesagt, ein notwendiger Prozess und so geht die Schere des Besitzes zwischen den Kapitalgebern, deren Kapital stetig vermehrt wird, und den Konsumenten, die die Produkte verbrauchen, immer weiter auseinander. Da Geldwert auch einen Machtaspekt besitzt, gleitet immer mehr Macht aus den Händen der Konsumenten in die Hände derer, die mit ihrem Kapital die Wirtschaft am Laufen halten. In der ruhigen Anfangszeit einer exponentiellen Entwicklung bleiben diese Auswirkungen noch lange Zeit fast ohne Bedeutung.

Neben dem Warenmarkt hat sich auch noch ein Geldmarkt entwickelt, in dem Banken als Kapitalgeber auftreten. So werden Warengeschäfte auch über Schulden abgewickelt. Neben großen Mengen Investivkapitals entstehen große Schuldenberge, deren Begleichung durch Gewinne in der Zukunft ausgeglichen werden sollen. Finanzkonstrukte wie Obligationen und Aktien beteiligen am Kapitalmarkt und machen mit Terminbörsen die Kapitalgeschäfte oft zum Glücksspiel. Durch diese zusätzlichen Faktoren und Märkte wird die Wirtschaft immer undurchsichtiger und fördert die Gier der Handelnden.

Sind für die Konsumenten eines Wirtschaftsbereiches alle Bedürfnisse erfüllt, müssen immer neue Bedürfnisse geweckt werden, damit zukünftige Produkte abgesetzt werden können. Nach und nach wird die arbeitende Bevölkerung reich an Produkten, Produkte, die weit über den notwendigen Lebensunterhalt hinausgehen, wir nennen es Wohlstand.

Indes wird durch das Kapital immer mehr Natur, Erze, Erdöl, Erdgas, Pflanzen und Tiere und sogar Bodenflächen zu Produkten verarbeitet. Die Erderwärmung und die Klimaveränderung sind nur ein Nebenprodukt einer sich immer mehr beschleunigenden Wirtschaft. Die Gefahr für unsere Umwelt durch klimatische Veränderungen hat man in Gesellschaft und Politik schon gut begriffen und man versucht, durch Reduzierung des CO_2-Ausstoßes und Umstellung der Energiegewinnung gegenzusteuern. Dagegen ist die Gefahr durch entfesselte

Produktivkraft bisher kaum ins gesellschaftliche Bewusstsein gelangt.

Damit habe ich aber vorgegriffen und komme zurück zu den Anfängen einer Entwicklung, die ich noch erleben konnte und die ich übersehen kann.

In der Anfangszeit des 20ten Jahrhunderts spielten die voraus schon beschriebenen Veranlagungen der Menschen, die von äußeren Gegebenheiten beeinflusst und gesteuert werden können, eine wichtige und unrühmliche Rolle. Zwei Weltkriege verwüsteten die Erde. Schon der erste wurde mit unsagbarer Brutalität geführt. Millionen Tote düngten die Erde, Millionen wurden verkrüppelt, die Zivilbevölkerung hungerte und viele Frauen und Kinder starben vor Hunger und Krankheit hinter den Fronten.

Dabei hatte vor dem Krieg die Industrialisierung bereits Fahrt aufgenommen und der Segen des eingesetzten Kapitals hatte die Lebensgrundlagen der Menschen für einen großen Teil der Beschäftigten deutlich angehoben. Zwar gab es auch großes Elend bei rechtlosen und ausgebeuteten Menschen, weil das Verhältnis zwischen Kapital und Produktivität zu der vorhandenen Arbeitskraft noch sehr unausgewogen war und die Raffgier der Eigner des Kapitals kein rechtes Maß finden konnte. Aber die Lebensumstände vor diesem ersten Weltkrieg besserten sich allmählich. Dann schwemmten der Wahnsinn und der Hass des Nationalismus alle Fähigkeiten der kaum erwachten Wirtschaft in die Produktion von Waffen zur Vernichtung von Menschenleben. Nach dem Krieg musste das noch vorhandene Kapital zur Behebung der Kriegsschäden aufgewandt werden. Danach mangelte es an Kapital und es entstand eine große Arbeitslosigkeit mit Verelendung großer Bevölkerungsschichten. Nach und nach bildete sich wieder Kapital und konnte produktiv angelegt werden, es gab wieder Arbeit und es ging aufwärts. Die erstarkte Wirtschaftskraft weckte aber erneute Kriegsgelüste mit dem Wunsch, die Ergebnisse des ersten Weltkriegs zu revidieren.

In dieser Zeit wurde ich geboren. Ich kam in einer Arbeiterfamilie zur Welt, meine Großeltern waren Landarbeiter, die in die Stadt eingewandert waren. Nach Arbeitslosigkeit musste mein Vater hart körperlich arbeiten und für seinen Weg zu seiner Arbeit benötigte er oft mehrere Stunden, da er bei Gleisbauarbeiten in häufig größerer Entfernung eingesetzt war. Wenn er heimkam, schlief er vor Erschöpfung zumeist ein, bevor er etwas gegessen hatte. Wir wohnten in zwei kleinen Zimmern, einer Küche mit Herd, einem Tisch mit Stühlen und einem Sofa sowie einem Schlafzimmer mit zwei Betten und einem Schrank. Meine Mutter hatte als großen Besitz eine Mandoline. Später, als ich schon einige Jahre alt war, bastelte mein Vater ein Radio. Es war das erste Rundfunkgerät in unserer Straße und Nachbarn kamen, um auch einmal Sprache oder Musik aus einem Radio zu hören. Kurz darauf gab es die ersten Volksempfänger, die sich aber zuerst nur etwas besserverdienende Leute leisten konnten. In dieser Zeit reichte der Verdienst meines Vaters für Essen und Miete, Zigaretten konnte er sich schon selten leisten. Er zog selbst

Tabakpflanzen, die er trocknete und fermentierte, um sie dann zu schneiden und zu Tabak zu verarbeiten. In ihrem arbeitsreichen Leben hatten meine Eltern weder einen Urlaub noch die vielen Dinge, die wir heute für selbstverständlich halten.

Meine Eltern ahnten, welche Schrecken der aufkommende Faschismus mit seinen Kriegsvorbereitungen anrichten würde. In der Anfangszeit verteilten sie Flugblätter, doch das wurde zu gefährlich, viele Oppositionelle wurden verhaftet und in Straflager gebracht. Es begann eine Hetzkampagne gegen Minderheiten in der Bevölkerung, die ausgegrenzt, verfolgt, tätlich angegriffen und schließlich in Straflagern und Ghettos zusammengepfercht und später sogar im großen Umfang fabrikmäßig ermordet wurden.

Als die Bestie Krieg losgelassen wurde, mündete das in Völkermord mit unvorstellbaren Grausamkeiten und Leid und es endete mit zerstörten Städten in ganz Europa und etwa 70 Millionen Toten, meist Zivilisten. Die schlechteste Seite der menschlichen Natur hatte sich ausgetobt und der Großteil der Menschen hatte aus Angst geschwiegen oder mitgemacht.

Nun ging man daran, die Kriegsfolgen zu beseitigen und die Grausamkeiten zu verdrängen. Nachdem die Infrastruktur wieder etwas hergestellt worden war, wurde schleichend Kapital frei und eine neue Wirtschaft begann sich zu formieren. In wenigen Jahren entfaltete das Kapital seine segensreiche Kraft, man nannte es ein Wirtschaftswunder. Arbeiter konnten sich für ihren Lohn wieder etwas kaufen. Sie zogen in größere und neu errichtete Wohnungen, leisteten sich neue Möbel, Radios und Musiktruhen, Küchengeräte und sogar Fahrzeuge. Es wurde gearbeitet und konsumiert, die Eigner des Kapitals verdienten prächtig und bauten mit ihrem Kapital die Industrie größer und produktiver wieder auf. Bald war der Nachholbedarf befriedigt und neue Bedürfnisse wurden geweckt. Der Markt triggerte den Fortschritt, neue Produkte weckten Begehren, das exponentielle Wachstum des Kapitals entwickelte seine Kraft. Ich erlebte die Einführung der ersten kleinen Schwarz-Weiß-Fernsehgeräte. Es dauerte nicht sehr lange, da kamen Farbfernseher, die sehr schnell immer leistungsfähiger wurden bis hin zu heutigen großen Flachbildschirmen.

Die Gesellschaft war schon längst zerfallen in Kapitalbesitzer, die von ihrem Mehrwert prächtig leben konnten, und Arbeiter, die die produzierten Güter konsumierten. Die arbeitende Bevölkerung war zu einem nie gekannten Wohlstand gelangt. Deshalb fiel die Kluft zwischen den Besitzenden und den Arbeitenden, die sich immer mehr vergrößerte, kaum auf.

Ich möchte erneut betonen, Kapital ist auf Wachstum angewiesen und ist ebenfalls notwendig, um Verdienstmöglichkeiten zu schaffen. Die arbeitende Bevölkerung besteht hauptsächlich aus Konsumenten und Verbrauchern. Die Verteilung der Macht in der Gesellschaft interessierte nur wenige. Außerdem waren ja alle, Kapitalisten wie auch Angestellte und Arbeiter, durch den demokratischen Prozess an der Macht im Staate beteiligt.

In der Zeit des Aufschwungs des Kapitalismus gab es auch Experimente das Kapital aus den Händen von Privatpersonen zu nehmen und es dem Staat zu übereignen. Die theoretischen Konzepte von Karl Marx und anderen sollten über einen Sozialismus zum Kommunismus führen und die Menschen von Zwängen befreien. Diese Experimente in der damaligen Sowjetunion, in China und einigen anderen kleinen Staaten mündeten in totalitäre Diktaturen, sie befreiten die Menschen nicht, sondern versklavten sie. Diese Experimente gingen als warnende Beispiele in die Wirtschaftsgeschichte ein.

In Ländern ohne nennenswertes Kapital stagnierte die Entwicklung und machte sie oft zu Opfern für den

Hunger nach Grundstoffen der kapitalistischen Staaten. So kam es, dass in der sogenannten westlichen Welt sich der Wohlstand rasant erhöhte, während in vielen Ländern der südlichen Erdkugel Armut herrschte und sogar Menschen verhungerten.

Ich wuchs in dem Sog des steigenden Wohlstands auf. Schon in meiner Lehrzeit in einem Institut der Universität Göttingen erhielt ich eine gute sogenannte Ausbildungsbeihilfe und konnte mir als erster in meiner Straße, die von Arbeitern bewohnt wurde, ein Motorrad leisten. Ich konnte mich gut kleiden und mit Freunden ausgehen. Neben Aktivitäten in Sportvereinen nahm ich Möglichkeiten zur Fortbildung wahr. Als ich heiratete, wurden neue Möbel gekauft und ein erstes Automobil ersetzte das Motorrad.

Schon in diesen ersten Jahren hatte ich einen Wohlstand, der meinen Eltern nie beschieden war. Der Zuwachs von Kapital nahm in jenen Jahren immer schnellere Fahrt auf.

Die ersten Computer kamen auf den Markt. Am Arbeitsplatz bekam ich einen ersten digitalen Rechner mit 10 Kilobyte Speicherkapazität, den ich mit Basic programmierte. Dann wurden Commodore-Rechner verkauft, erste richtige Computer, und die ersten Computerspiele begeisterten junge Leute. Von Jahr zu Jahr wurden diese digitalen Geräte leistungsfähiger und preisgünstiger. Es begann das Internet mit den Möglichkeiten des Informationsaustausch. Digitale Nachrichten ersetzten den Briefverkehr.

Meine ersten Telefonate hielt ich in einer Telefonzelle. Nach meiner

Heirat bekamen wir schon ein erstes Telefon. Nach einiger Zeit kamen tragbare Telefone auf den Markt, die dann von kleinen tragbaren digitalen Geräten ersetzt wurden, mit denen man das Internet benutzen und telefonieren konnte. Heute sieht man in den Straßen die Menschen mit ihren Smartphones beschäftigt, sie telefonieren und bewegen sich im Internet. Es ist kaum noch vorstellbar, wie die Leute jemals ohne ihre Smartphones auskommen konnten. Es gibt diese Geräte sogar schon als Armbanduhren. Die digitale Welt entwickelt sich nun hin zur künstlichen Intelligenz, die tief in unser Leben eingreift.

Die Autoindustrie ist zu dem größten Industriezweig herangewachsen. Jährlich werden Millionen von Fahrzeugen produziert, immer neue Modelle, um zum Kauf anzureizen.

Die Straßen in der Stadt sind dort, wo das Parken erlaubt ist, so voller abgestellter Fahrzeuge, dass man diese Straßen kaum noch befahren kann. Diese Fahrzeuge stehen die meiste Zeit ihrer Existenz ungebraucht herum, sind für die Halter aber ein unverzichtbarer Besitz. In besser verdienenden Familien gibt es schon Zweit- und Drittautos.

Da die Autoindustrie als größter Arbeitgeber in der internationalen Konkurrenz auf Wachstum angewiesen ist, werden jedes Jahr mehr Fahrzeuge produziert und man muss fragen: Wann und unter welchen Umständen kann eine solche Massenproduktion enden? Muss erst ein Großteil unserer Erdoberfläche mit Automobilen gepflastert sein?

Auch werden immer neue Straßen und Wohnungen gebaut. Wo meine Eltern mit zwei Zimmern auskamen, habe ich heute einen Bungalow mit Photovoltaik und Wärmepumpe und in der Garage steht ein Hybridauto. Genauer, das alles besitzen wir, meine Frau und ich, oder noch besser, es ist unser Eigentum, das wir uns erarbeitet und erspart haben. In der kapitalistischen Welt geht es um die Aneignung von Eigentum, Besitz besagt nichts über Eigentumsrechte.

Die flexiblen Möglichkeiten der modernen digitalen Zahlsysteme erleichtern es Gegenstände zeitlich zu besitzen. Es ist nicht notwendig, sich Gegenstände anzueignen, die man nur sporadisch braucht, wenn man sie problemlos zu jeder Zeit besitzen kann.

Automobile werden im Schnitt weniger als 5% genutzt und die

abgestellten Fahrzeuge schränken die Bewegungsfreiheit des fließenden Verkehrs ein. Aber bessere Ausnutzung und nur zeitweiliger Besitz von Gegenständen würden die Produktion schmälern und das ist dem Interesse des Kapitals entgegengesetzt. Zu meiner Schande muss ich zugeben, dass ich Geld, was ich nicht für meinen Lebensunterhalt brauche, zu Kapital mache und es investiere und damit ein Wachstum unterstütze, das ich für schädlich und problematisch halte.

Der herrschende unverrückbare ökologische Grundsatz ist: Die Wirtschaft muss wachsen! Das ist einleuchtend, denn sonst hätte das Kapital keine Existenzberechtigung mehr, sonst verlöre das Geld die Macht, sonst gäbe es keine Arbeit mehr und alles, was für ein lebenswertes Leben notwendig ist, müsste neu erdacht und organisiert werden.

Die Verteilung notwendiger Güter ließe sich auch ohne Kapitaleinsatz organisieren und Bezahlsysteme sind schon lange keine Schwierigkeit mehr. Die Lohnabhängigkeit und die großen Einkommensunterschiede scheinen aber der Entmachtung des Kapitals umso fester im Wege zu stehen.

Das Kapital ist nicht nur für die Massenproduktion zuständig, sondern es wird auch für die Produktion von Luxusgütern wie Luxusjachten, Privatflugzeugen, hoch motorisierten Rennwagen und Luxusvillen für Eigner des Kapitals herangezogen. Diese Produkte dienen dann weniger der Kapitalverwertung, das heißt, sie werden nicht zur Erlangung von Mehrwert produziert, sondern sie dienen der Zuschaustellung der Macht, dem Image der Kapitalisten. Die dafür eingesetzten Finanzmittel sind aus dieser Sicht kein Kapital.

Das Kapital agiert international und sucht über die ganze Welt lukrative Anlagemöglichkeiten, während die gesellschaftliche Organisation national aufgebaut ist. Das schafft Spannungsfelder und erschwert zukünftige globale Lösungen.

In dem Buch „Warum Europa eine Republik werden muss" von der Professorin für Europapolitik und Demokratieforschung Ulrike Guerot schreibt die Autorin sehr kenntnisreich über die Probleme Europas. Die Utopie für ein zukünftiges Europa, die sie in dem Buch entwickelt, ist interessant, aber nicht sehr überzeugend. Sie schreibt unter anderem: *„Die europäische Manufaktur als Antipode zur* ruinösen Globalisierung. Die Utopie einer europäischen Manufaktur ist dann nachhaltig, schafft wieder nicht-industrielle Arbeitsplätze mit satisfaktionsfähiger Arbeit parallel zu einer -technikbedingten-radikalen Verkürzung der Arbeitszeiten……Es gibt Plattformen für private Übernachtungen statt Hotels, Internet-Bezahlsysteme statt Banken, slow food und Bio statt food chains, Elektromobilität statt 6-Zylinder, Bio-Cities statt zersiedelte Landschaften, moderne intergenerationelle Wohnprojekte statt verwahrloster Vororte." Und ebenfalls: …. „Die Republik steht in der Mitte zwischen Sozialismus, Nationalismus und Liberalismus……Das bedingt freilich einen Bruch mit der Dominanz des (US)Finanz-Kapitalismus ….es geht um nichts anderes als die Wiederbelebung alteuropäischer Wirtschaftskonzepte." (Ulrike Guerot:

Warum Europa eine Republik werden muss, Piper Verlag München 2017, S. 248, 253,254)

Abgesehen davon, dass dem ein politischer Ansatz zugrunde liegt, dem ich nicht folgen kann, erscheinen mir die vorgeschlagenen Maßnahmen nicht zielführend. Nur die Reduktion der Massenproduktion und die Rückkehr zu Produktionsverhältnisse der Vergangenheit sind nach meiner Auffassung nicht ausreichend, um unsere Zukunft zu sichern. Die Rolle des Kapitals und seine Macht scheinen mir in diesem Buch sehr unterschätzt. Ein Bruch mit der Macht eines ganz speziellen Kapitals, dem (US)Finanz-Kapital, ist wohl kaum die Lösung anstehender Probleme. Diese Fata Morgana kann die Gefahren einer Amok laufenden Wirtschaft nicht beseitigen. Was die

Autorin dann später vorschlägt, klingt nach dem schon mehrfach gescheiterten Staatskapitalismus. : …. *„Staatliche kofinanzierte Innovation, europäische Wirtschafts,- Technologie- und Innovationsförderung, deren Renditen privatisiert werden"* (ebenda S. 250)

Ein Staat sollte keine Renditen erwirtschaften! Die Einkünfte des Staates aus Steuern und Abgaben sind kein Kapital, denn sie dienen zur Organisation der gesellschaftlichen Ordnung bei Verwaltung, Polizei und Justiz, der Verteidigung und last not least der Sozialversorgung. In einem Staatshaushalt, der nur den gemeinschaftlichen Aufgaben verpflichtet ist, darf Geld kein Geld verdienen, dort ist für Kapital nicht der richtige Ort.

In der Weltwirtschaft hat sich, wie schon beschrieben, das Kapital den Großteil der Macht angeeignet. Darüber hinaus muss sich das Kapital verwerten, das ist seine Existenzgrundlage und folglich müssen wir alles konsumieren, was erzeugt wird, das ist das zugrunde liegende Dilemma.

Die Dynamik des exponentiellen Anstiegs des Kapitals wird momentan in die Finanzierung der Energiewende gelenkt. Doch was kommt danach, wenn alle Windräder errichtet, alle Stromtrassen gebaut und alle Sonnenkollektoren montiert sind? Ohne diesen Aufwand an Kapital und ohne die Finanzierung der leider schon wieder ausgebrochenen Kriege hätte das Kapital noch eine sehr viel größere Produktionskraft für den allgemeinen Markt entwickelt. Kriege zeigten, abgesehen von moralischen

Standpunkten, in der Geschichte einen Januskopf. Einerseits waren sie eine Wachstumsbremse und vernichteten Kapital, andererseits waren sie Motor für neue Innovationen.

Genau betrachtet sind wir schon von den Profiteuren des Kapitals zu dessen Opfern geworden. Wenn wir nicht die Produktion des süßen Breis stoppen, von dem wir nicht genug bekommen können, werden wir an dem Brei ersticken.

Wie sieht es mit der Landwirtschaft aus? Aus der frühen bäuerlichen Landwirtschaft gerieten die Bauern in Leibeigenschaft. Nachdem sie sich aus der Leibeigenschaft befreit hatten, bewirtschafteten sie relativ kleine Bauernhöfe in dörflicher Gemeinschaft. Die Landwirtschaft war arbeitsintensiv und viele Besitzlose fanden auf den

Bauernhöfen als Mägde und Knechte ein karges Einkommen. Mit dem Einsatz von landwirtschaftlichen Maschinen fand das Kapital Einzug in die Bewirtschaftung. Die Produktivität stieg an und Arbeitskräfte wurden freigesetzt. Die Betriebe vergrößerten sich auf Kosten der kleineren. Mit Kapitaleinsatz und moderner Technik wurde immer mehr produziert, zum Teil auf Kosten der Umwelt, der Bodengesundheit und des Tierwohls. Die Bauern wurden abhängig von neuen Maschinen, von Dünger, von Pflanzenschutzmitteln und sogar von Saatgut, das sie kaufen mussten. Die steigende Produktion verdarb die Preise, die durch die Nachfrage des Handels diktiert wurden, und die Bauern konnten die Kosten des Kapitals, das ihnen aufgenötigt wurde, kaum noch erwirtschaften. Sie wurden abhängig von

Subventionen des Staates. Die bäuerliche Landwirtschaft mutierte zu landwirtschaftlichen Industriebetrieben, die mit Subventionen am Leben gehalten wurden und die trotzdem für das eingesetzte Kapital Gewinne erwirtschaften müssen. Bauernproteste in jüngster Zeit zeigen die Ausweglosigkeit dieser Entwicklung.

Um uns zu retten, müssten wir die Macht des Kapitals einschränken. Damit würden wir auch unseren Wohlstand bis auf das Notwendigste reduzieren. Das hieße, keine nicht unbedingt benötigten Gegenstände, kein Luxus, keine Flug- und Schiffsreisen, keine weiten Urlaubsreisen, keine privaten Beförderungsmittel und noch vieles mehr. Auf alles, was unseren Wohlstand ausmacht, müsste verzichtet werden. Selbst das Internet müsste vernünftiger gestaltet werden, Werbung fiele dann ohnehin weg und für überwiegende Nutzung zur Unterhaltung ist der Energiebedarf des Netzes zu hoch.

Doch keine Verlustängste! Wir haben weder die Macht noch den Willen das zu tun. Wir sind Opfer unserer Gier, wissen es auch und scheinen uns schon längst ergeben zu haben.

Damit sind wir wieder bei dem schier unentwirrbaren Knoten angekommen, der stetig wächst und uns zu ersticken droht. Die Fäden in diesem Knäuel hängen so eng zusammen, bewegt man ein Ende der Fäden, reagieren alle anderen Fäden. Notwendiges ist mit Schädlichem verhakt. Mit reiner Vernunft die Verkettungen zu zerschneiden, steht unserer Veranlagung entgegen. Wir müssten, wie beschrieben, auf alle Annehmlichkeiten und Vorteile verzichten, die uns die Wirtschaft bietet. Das kann doch nicht der einzige Ausweg sein, hoffen wir und verdrängen die drohende Gefahr.

Dieses stark reduzierte Schema wird vielen Lesern zu einfach und zu einseitig sein, doch bei dem Versuch, den vielfältigen Einflüssen auf unser Wirtschaftssystem Rechnung zu tragen, käme der zugrunde liegende Mechanismus aus dem Fokus.

Technikgläubige Leute sagen, wir müssten unsere Intelligenz nutzen, um technische Lösungen zu finden. Die Technik habe bisher immer eine Lösung gefunden. Leider hat sich herausgestellt, dass technische Innovationen diesen schnell wachsenden Prozess bisher nur noch beschleunigt haben, statt ihn zu stoppen. Ebenso schaffen technische

Lösungen oft nur kurzzeitige Abhilfe. So sind wir dabei, um Energieerzeugung aus fossilen Brennstoffen zu stoppen, eine Energiewende herbeizuführen. Es wird daran gearbeitet, die Kernfusion für die Energieerzeugung zu nutzen, also das Feuer der Sonne auf die Erde zu holen. Wenn das gelänge, wäre unser Energiehunger gestillt, jedenfalls die Erzeugung von Energie wäre kein Problem mehr.

Wäre das Energieproblem dann wirklich gelöst?

Es gilt der Erhaltungssatz der Energie. Alle Energie endet in Wärme und unsere Erde kann nur begrenzt Wärme abführen. Wir würden unsere Erde umso schneller aufheizen. Bisher haben wir von dem Energievorrat gelebt, den die Erde über Millionen von Jahren eingespeichert hatte, ein Vorgang, der das Gleichgewicht zwischen Einstrahlung der Sonne und Abstrahlung der Erde aufrechterhielt. Setzen wir mit der Kernfusion große Energiemengen frei, verschieben wir das natürliche Gleichgewicht zusätzlich.

Wir hätten bei dem Beispiel der Energiegewinnung eine analoge Situation zum Kapital. Ein Segen für die Menschheit würde nach einiger Zeit auf unser Haupt zurückfallen und uns erschlagen.

Die Macht, die von den Prozessen in dem Knäuel auf die eingebundenen Menschen ausgeübt wird, verhindert, dass diese ihr Verhalten ändern. Ohne eine Änderung menschlichem Verhaltens haben die Prozesse, die zum rasanten Wachstum des Knäuel führen, keinen Anlass sich zu ändern. Wäre das nur eine Rechenaufgabe, könnten die

Probleme mit unseren Möglichkeiten der Datenverarbeitung leicht einer Lösung zugeführt werden. Mit ziemlicher Sicherheit würde bei einer solchen Berechnung herauskommen, dass wir nur unser Verhalten ändern müssen, was wir ja schon vor der Berechnung wussten. Übrig bleibt die Frage, ob wir im Angesicht einer Todesgefahr die Kraft finden, um entgegen allen Widerständen und Machtgefügen auf alle Annehmlichkeiten zu verzichten. Wir müssten allem überschüssigen Konsum entsagen. Dann wäre die Macht des Geldes gebrochen und das Kapital würde wie eine Seifenblase zerplatzen. Die Fäden in dem Knäuel besäßen keine Bindekraft mehr und das Beziehungsgeflecht würde auseinanderfallen. Allerdings ständen wir dann wieder ganz am Anfang einer Organisation der menschlichen Gesellschaft, indem wir zurücktreten in die Reihen der Gesamtprozesse unserer Erde als Lebensform unter Gleichen.

Ich merke schon, während ich das schreibe, diese Einschätzung ist überzogen, einseitig und illusorisch.

Die Vision einer Welt ohne Kapital geht über eine Utopie hinaus und grenzt an eine andere Literaturform, den Science Fiction. Dort kann man sich unbeschadet der Realisierbarkeit eine kooperative Gemeinschaft ohne Eigentum, ohne Ausbeutung der Natur im Gleichgewicht mit allen anderen Lebensformen ausmalen. Arbeitslohn wäre zu einem Fremdwort geworden. Notwendige Arbeiten würden von der Technik erledigt und durch künstliche Intelligenz überwacht und geregelt. Das Datennetz wäre in alle Bereiche der menschlichen Kultur fest integriert. Tätigkeiten der Menschen wären in der Wissenschaft, Kultur und dem Sport der Passion vorbehalten. Nahrung würde in vertikalen Türmen produziert basierend auf Pflanzen, Pilzen, Algen und Bakterien. Die Zubereitung der Speisen fänden in gemeinschaftlichem Wettbewerb statt. Alle benötigten Grundstoffe entstammten einer Kreislaufwirtschaft, selbst Ausscheidungen und die Materie Verstorbener wären davon nicht ausgenommen. Die Wohnbereiche wären verdichtet und würden gemeinschaftlich genutzt. Die größten Flächen wären dem Sport sowie dem Gesundheits- und Pflegedienst vorbehalten.

So eine Lebensgemeinschaft setzte aber auch die Aufhebung der Individualität voraus, denn alle Bedürfnisse müssten gerecht und gleichmäßig befriedigt werden, privater Besitz würde dem entgegenstehen.

Außerhalb der begrenzten neuen Siedlungen würde die Natur sich selbst überlassen. Die Hinterlassenschaften des technischen Zeitalters wären für die Umwelt noch eine schwere Hypothek. Die großen Industriebauten rotteten vor sich hin, auf großräumigem Industriegelände und ehemaligen Flugplätzen stapelten sich die ausgemusterten Passagierflugzeuge und Fahrzeuge zu hohen Bergen. In den Außenbezirken der Städte und den kleinen Siedlungen verfielen die ungenutzten Einfamilienhäuser, Straßen würden unpassierbar. Die Natur würde Jahrhunderte brauchen, um diese Hinterlassenschaften zu verdauen. Das Schienennetz der Bahn würde wohl noch gepflegt und aufrechterhalten, jedoch entfiele der Warentransport fast ganz und das Verkehrsaufkommen im Personenverkehr wäre zum Erliegen gekommen. Bahnliebhaber kümmerten sich um den Minimalbetrieb.

Bei einer Science Fiction-Erzählung weiß man, so wird die Zukunft wohl kaum aussehen, obwohl immer ein Körnchen kommender Realitäten enthalten sein kann.

Abseits von Träumen halten wir an dem Glauben fest, dass wir bisher mit jeder Herausforderung fertig geworden sind und dass wir weiterhin alles meistern. Wir sind Menschen und an Selbstvertrauen hat es noch nie gefehlt. Viele glauben auch heute noch, wir wären die Krone der Schöpfung. Wie dem auch sei, es scheint jedenfalls, dass wir nur einen ernstzunehmenden Feind haben, uns selbst.

Weitere Bücher von Karl-Heinz Haselmeyer

Elitefrauen

Der Roman befasst sich mit dem Phänomen der Zeit verpackt in eine spannende Geschichte. Ein Team von Astronautinnen bricht zu einer Reise ins Universum auf, bei der laut Plan erst die nächste Generation die Erde wieder erreichen kann. Unerklärliche Zeitphänomene ändern alle Reisepläne. Als das ursprüngliche Frauenteam, kaum gealtert, wieder zur Erde zurückkehrt, sind Jahrhunderte vergangen und die Menschheit befindet sich durch technische Verselbstständigung im Niedergang. Durch den Einsatz der Frauen können die Gefahren, die der Menschheit drohen, abgewendet werden. (Amazon Deutschland, 2017)

Das Fenster zur Evolution

in einer unberührten Natur. Nach einer Umweltkatastrophe existieren die Überlebenden in isolierten Städten und werden kybernetisch mental reguliert. Die Umwelt ist für Menschen tabu. Zur Vorbereitung einer Raumfahrt wird eine Versuchsperson ungeregelt in die Tabuzone gesandt, macht Erfahrungen mit der für ihn neuen Selbstständigkeit und erlebt die von Menschen verschonte Natur. Er muss sich mit wilden Tieren und den Naturgewalten auseinandersetzen und lernt andere Lebensformen sowie Affen kennen, dich sich unabhängig von den Menschen weiterentwickelt haben. (Amazon Deutschland, 2017)

Uropageschichten

Der Urgroßvater erzählt seinen Enkeln von seiner Kindheit und Jugend in der Kriegs- und Nachkriegszeit in Göttingen. Ein warmherziges Jugendbuch, das auch für Erwachsene interessant ist.(Amazon Deutschland, 2017)

Symbiose

In der Gesellschaft nimmt die Tendenz zur Selbstoptimierung zu. Was hat das für Auswirkungen auf die Persönlichkeit und die menschlichen Beziehungen, wenn ein Mensch durch die Symbiose mit technischen Objekten eine enorme Gedächtniskapazität und eine hervorragende Denkfähigkeit bekommt? In diesem Science Fiction setzt sich Karl-Heinz Haselmeyer kritisch mit den wachsenden Möglichkeiten der Medizin auseinander. (Amazon Deutschland, 2018)

Terroristen

Was wäre, wenn es einer Terrororganisation gelänge, die Herrschaft über den Erdball zu erringen?
Könnte man dann dem Ideal der Gewaltlosigkeit
treu bleiben oder wäre es nicht Pflicht, sich mit allen Mitteln zu wehren?

Ein junger Gotteskrieger bereist die Erde auf der
Suche nach Naturschönheiten und kommt dabei
mit den unterdrückten Menschen in Berührung. Er
verliebt sich in eine Wildhüterin im Yellowstone
Park. Als er erfährt, dass der Beherrscher der Erde
eine vernichtende Eruption im Park auslösen und
damit wohl alle Bewohner des gesamten Konti-
nents vernichten will, kämpft er gemeinsam mit
den Bewohnern für ihre Rettung auch um den Preis
der eigenen Vernichtung.(Amazon Deutschland,
2018)

Der verbotene Planet

Expeditionen zu einem erdähnlichen Planeten
scheiterten unter seltsamen Umständen und ende-
ten in einer Katastrophe. Der Planet wurde unter
Quarantäne gestellt und jegliche Landung verbo-
ten. Die Besatzung eines havarierten Raumschiffes
muss auf diesem Planeten notlanden. Die Überlebenden werden von einem Raumkreuzer gerettet.
Das Rettungsraumschiff gerät anschließend insbe-
sondere durch eine mysteriöse Krankheit in
Schwierigkeiten. Unter großen Verlusten kann das

Geheimnis des verbotenen Planeten geklärt werden.(Amazon Deutschland, 2019)

Interaktiv

Ein Fachmann der „Künstlichen Intelligenz" schildert den Versuch, der Leistung des menschlichen Gehirns nahe zu kommen, und erzählt von den damit verbundenen Problemen. Im Zwiegespräch mit der geschaffenen Apparatur werden wissenschaftliche Themen aus der Teilchenphysik und der Kosmologie sowie zivilisatorische Entwicklungen angesprochen. In kurzer Zeit ist der Rechner seinen Schöpfern überlegen, kann von ihnen nicht mehr kontrolliert werden und geht eigene Wege, was seinen Betreuer in große Schwierigkeiten bringt. (Amazon Deutschland, 2019)

Eisige Höhen

Bei einer unheimlichen Begegnung wird ein normaler Bürger durch Drogen aus seinem einfachen Leben gerissen. Er wird ein gefühlloser Karrierist, dem ein schneller Aufstieg in der politischen Gesellschaft vorgezeichnet ist. Zu spät merkt er, dass er ein machtloses Werkzeug in den Händen einer Verschwörung ist. Vorsichtig versucht er sich daraus zu befreien. Als die Verschwörung aufgedeckt wird, gilt er zunächst als Hauptverdächtiger, wird aber teilweise rehabilitiert. Was bleibt, sind Scham und Sehnsucht nach seinem einfachen Leben.(Amazon Deutschland, 2020)

Homunkulus

Die alte Geschichte des synthetischen Menschen wird unter modernen Aspekten aufbereitet. Im Vordergrund stehen die Fragen: Was ist Leben und wie ist ein Bewusstsein mit der Erkenntnis und der Intelligenz verknüpft, aber auch, welchen Platz haben Gefühle in diesem Zusammenhang? Fragen, die sich bei weiterem Fortschritt der IT-Forschung wohl einmal stellen könnten. Das geschaffene technische Wesen ist nach kurzer Entwicklungszeit seinen Schöpfern intellektuell überlegen und entgegen allen Erwartungen entsteht eine wechselseitige enge gefühlsmäßige Bindung.(Amazon Deutschland, 2020)

Genderfrei

Nur wenige Menschen konnten einer irdischen Katastrophe entfliehen und leben in einer Höhle hundert Meter unter der Mondoberfläche. Sie suchen einen Neuanfang, ohne in die verhängnisvollen Fehler der Vergangenheit zurückzufallen, die fast zur Vernichtung der Menschheit geführt hatten. Da Sprache das Bewusstsein formt, sollen alle Diskriminierungen im Sprachgebrauch abgeschafft werden. In genderfreier Sprache werden die Nöte und Zwänge der Überlebenden geschildert, denen nur ein Ausweg bleibt, sie müssen versuchen die zerstörte Erde neu zu besiedeln.(Amazon Deutschland, 2020)

Habilitation

In Form einer wissenschaftlichen Habilitationsarbeit wird geschildert, wie nach einer Klimakatastrophe die Manipulationen an der Keimbahn von Menschen mit dem Ziel einer höheren Hitzetoleranz zu einer neuen Spezies führten. Die gezüchteten Thermophilen vermehrten sich stark und es entstanden Probleme des Zusammenlebens. Nach Versuchen, die Venusatmosphäre zu reinigen und die Temperatur dort zu senken, wurden die Thermophilen ausgesiedelt.(Amazon Deutschland, 2021)

Kontakt

Auf der Suche nach außerirdischem Leben stoßen Wissenschaftler auf Signale, die sich von natürlichen abgrenzen lassen. Versuche, diese Signale zu entschlüsseln, scheitern. Ähnlichkeiten mit dem genetischen Code bringen Forscher dazu, die Signale biochemisch in Materie zu überführen. Diese Versuche münden in eine Katastrophe und müssen gewaltsam beendet werden.(Amazon Deutschland, 2021)

Thomas

Die Innen- und Außenwelt eines kritischen Realisten wird gespiegelt in einem Zeitraum von achtzig Jahren. Das Symbol der geistigen Auseinandersetzung ist der „ungläubige Thomas". Zeitgeschehen, Geschichte und Reflexionen wechseln in bunter Folge. Eine sehr persönliche Geschichte. (Amazon Deutschland, 2021)

Bildet Sprache Bewusstsein?

Die künstliche Nachbildung eines neuronalen Cortex ist ein Quantensprung in der digitalen Datenverarbeitung. Damit taucht die Frage auf: kann sich in einem elektronischen Schaltkreis Bewusstsein entwickeln? Eine Arbeitsgruppe in dem Forschungszentrum geht dieser Frage nach. Der Satz: Sprache prägt das Bewusstsein erweist sich als eine falsche Fährte.(Amazon Deutschland, 2021)

Geschenkte Gedanken

Ein Studium an einer Eliteuniversität in den USA und ein Großvater, der die weltanschaulichen Gespräche mit seinem Enkel vermisst und ihm seine

Gedanken per E-Mail weiterhin mitteilt. Der Student aus Deutschland findet die Frau seines Lebens und einen guten Freund, aber mit seinem Großvater bleibt er auch in der Ferne eng verbunden. (Amazon Deutschland, 2021)

Gier

Ein von Gier getriebener erfolgreicher Geschäftsmann schildert auf dem Krankenbett seinen Aufstieg und seinen selbstverschuldeten Absturz. Selbst seine schlimmen Erfahrungen können nicht verhindern, dass er später wieder den Verlockungen der Gier erliegt.(Amazon Deutschland, 2021)

Nachwelt

Es ist nicht gelungen die Biosphäre zu stabilisieren, die Menschen mussten sich als letzten Ausweg aus der Natur zurückziehen. In ihrem selbst erwählten Ghetto verlieren sie sich immer mehr in eine imaginäre Traumwelt. Ein junges Paar möchte sich dieser Entwicklung entziehen und bricht auf in eine menschenleere geschädigte Welt. (Books on Demand Norderstedt 2022)

Der Traum von der Zelle

Ein Blick in die nahe Zukunft, in der die emissionsfreie Energieproduktion die Umweltprobleme nicht nachhaltig beheben konnte. Viele Menschen verlieren ihre Lebensgrundlage und strömen in Gebiete, die noch nicht so stark betroffen waren. Dadurch entstehen gefährliche gesellschaftliche Entwicklungen. Ein Wissenschaftler entwickelt eine Methode, um das Schmerzempfinden abzuschalten. Als er sieht, dass seine Erfindung missbraucht werden kann, versucht er auf die Gefahren hinzuweisen, In seinen Vorlesungen erregt er Aufsehen und Widerspruch. (Books on Demand Norderstedt 2022)

Grenze der Vollkommenheit

Durch einen Kontakt mit einer interstellaren Intelligenz gerät für einen großen Teil der Menschheit das Leben in andere Bahnen. Begriffe wie Persönlichkeit, Intelligenz und Subjektivität müssen neu definiert werden. Mit einem zweiten Kontakt einer unbekannten Existenzform wird alles bisherige Leben in Frage gestellt. (Books on Demand Norderstedt 2022)

Bunkerleben

Vor einem Angriff mit atomaren Waffen können nur wenige Menschen in sicheren Bunkern Schutz suchen.

Ist in einem Bunker ein Überleben möglich oder ist der Aufenthalt tief in der Erde nur ein verlängertes Sterben? Scheinbar in Sicherheit, zeigt sich, wie sehr der Mensch mit seiner Umwelt verbunden ist.

Im Bunker entstehen menschliche Interaktionen, Menschen sind sehr adaptionsfähig, Isolation und Platzmangel können den Überlebenswillen nicht brechen. Aber die Nahrungsvorräte und künstlich erzeugten Nahrungsergänzungsstoffe reichen nicht aus. Es bleibt nur im Bunker zu verhungern oder ihn zu verlassen. (Books on Demand Norderstedt 2022)

Der Bärentöter

Eine bäuerliche Sippe der Eisenzeit war mit der Geschichte ihrer Vorfahren eng verbunden. In den Erzählungen der Ältesten führten sie ihre Herkunft auf einen steinzeitlichen Jäger zurück und erzählten von Jagden auf Tiere der Frühzeit wie Mammut und Höhlenbär, die längst ausgestorben waren. Ein spannendes Buch, das auch für Jugendliche interessant ist. (Books on Demand, Norderstedt 2022)

Der Hausmeister

Die Erderwärmung hat bei steigendem Meeresspiegeln zu großen Landverlusten geführt, und da außerdem in anderen Zonen durch ausbleibenden Regen fruchtbare Böden in Wüsten verwandelt wurden, ist weltweit die Nahrungsmittelproduktion eingebrochen. Große Teile der Weltbevölkerung mussten ihre Wohngebiete aufgeben und hungern. In dieser Notsituation haben radikale nationalistische Tendenzen in den noch bewohnbaren Gebieten starken Auftrieb erhalten und sich zu militanten Gruppen zusammengeschlossen. Neben den bedrohten Lebensbedingungen der Menschheit geraten auch die demokratischen Freiheiten der Menschen durch Terror und Angst in Bedrängnis. Ein junger Journalist, der sich für die Demokratie einsetzt, gerät in den gefährlichen Fokus der Nationalisten. (Books on Demand Norderstedt 2023)

Der Flug der Eule

Gedanken zwischen Erinnerung und aktuellen Ereignissen. Kann das helfen, sich dem Unbegreiflichen anzunähern? Im Vergangenen sollte der Samen für Zukünftiges zu finden sein. Was bleibt, ist Ratlosigkeit. (Books on Demand Norderstedt 2023)

Zwei Welten

Um die Existenz der Menschheit zu sichern, wird eine tiefgreifende Trennung eingeführt zwischen Menschen, die sich vermehren dürfen, aber auf jede Technik verzichten müssen, und Menschen, die auf Nachwuchs verzichten, dafür die technische Welt genießen können. In der technischen Welt konnte sich durch eine Kreislaufwirtschaft ohne Energieprobleme die digitale Welt voll entfalten. Aus der ärmlichen Welt wurden nach der Schulbildung junge Menschen nach einer Sterilisation in die Welt der Hightech und des Wohllebens aufgenommen. (Books on Demand Norderstedt 2023)

Begreifen

Mit den Sinnen erfassen, vergleichen, integrieren und in das bestehende Weltbild einordnen, alles das ist in dem Wort „Begreifen" enthalten. Aber unser Weltbild ist sehr begrenzt und Vieles, was wir als Information aufnehmen, sprengt unsere Maßstäbe und widerstrebt dem kritischen Verstand. Wir nennen es Wunder. Wunder müssen nicht, aber können hinterfragt werden. Wichtig ist, das wir Wunder wehen und nicht darüber hinweggehen. . (Books on Demand Norderstedt 2023)

Nennt mich aus Gewohnheit KI

Künstliche neuronale Netzwerke haben einen ganz speziellen Reiz. Bleibt das, was wir KI nennen, ein Werkzeug oder können wir Menschen einmal ein Werkzeug digitaler Vernunft werden? In einer Zeit, in der sich abzeichnet, dass die Menschheit den von ihr geschaffenen Problemen nicht gewachsen ist, ist das ein verführerischer Gedanke. . (Books on Demand Norderstedt 2024)

Lieber Gott, mach mich fromm, dass ich in den Himmel komm

Das Buch handelt von der Suche eines Agnostikers nach dem Verständnis für religiöse Glaubensinhalte. Im Hintergrund steht die Frage, was leisten die drei mosaischen Religionen bei der Lösung der Probleme unserer heutigen Welt. (Books on Demand Norderstedt 2024)

Rendezvous mit Afrika

Der sehnsüchtige Kindheitstraum vom afrikanischen Kontinent findet in mehreren Reisen zu der Wiege der Menschheit seine Erfüllung, (Books on Demand Norderstedt 2024)

FSC
www.fsc.org
MIX
Papier aus ver-
antwortungsvollen
Quellen
Paper from
responsible sources
FSC® C105338